ツインレイ、レムリア、木との会話

本当は全てを知っている自分を思い出していい

木村みやこ

ヒカルランド

目次

第一章　私が地球に降り立った理由

第二章
あなたを愛で包む、生活に取り入れられるスピリチュアル

カバーデザイン　三瓶可南子
校正　麦秋アートセンター
イラスト　宝んぼまるみ
編集協力　宮田速記
本文仮名書体　文麗仮名（キャップス）

第一章

私が地球に降り立った理由

亡くなった人と話す幼少期

どこから話したらよいのか、記憶を辿ってみると幼稚園から小学校にかけて常に「空から誰かに見られているな」という感覚がありました。あとは、歌を聴くと、歌の内容が映像のように見えてくることは日常茶飯事でした。私はフラダンスをしますが、以前は、歌詞の内容が映像になって見えたものです。フラダンス仲間の人たちに聞いてみたことがありますが、誰もそんな経験をしたことはないそうです。その頃から「生まれ持ってきちゃった感覚なのかな？」というように思っていました。

祖父が亡くなって何年か経ったときに夢の中に現れて「お線香を上げて、お経を読んでほしい」と言うのです。

亡くなった人と話す以外にも、クモの巣に引っかかって身動きが取れなくなる夢を毎日のように見ていましたが、怖くて怖くて親にも言えませんでした。自分でもなぜそんな不思議な夢を見るのかわかりませんでしたが、月日と共に、この人生のテーマのひとつである「自分を生きること」に気づくための夢だったとわかりました。

とにかく、幼少期は「目に見えないもの」に対して、混乱することが多かったのです。

振り返ってみますと（10代は特に）結婚前までは、このように恐怖や混乱に陥って、まるで繭の中にいるような感覚を抱いて生きていました。身動きが取れない、本来の自分が出せない、生きにくい、何をやってもすっきりしない、落ち着かない、生きている実感さえなかったように思います。

結婚後、自分のことを話す機会もありませんでした。ですから、思いを吐き出すことができず苦しかったのです。思ったことや考え、見たものなどは詩や物語のような世界として、ノートへ書き出し始めてからは、すっきりすることも増えました。

私には、思いや言葉の吐き出しが本当に大事でした。書き出せば書き出すほど、違う世界が見えてくるようになっていきました。

また、結婚前の若い頃、2回自殺未遂もしています。自分でもよくわかりませんが「死にたい」という気持ちが自分を襲うことが多々ありました。2回目の自殺未遂の際は、開き直りの気持ちもありました。「もういいかな」と思っていたのです。

この自殺未遂の原因が過去生にあることは、のちのちにわかりました。ある日、めったに見ることはないのに、あるドラマにはまった時期があり、「何でこのドラマがこんなにも気になるんだろう」と思っていると、突然ある画像が見えたのです。

その画像とは、イギリスで過去生の自分が自殺している画像でした。ドラマの中では、自殺のシーンはありませんでしたが、物語の内容の一部分が重なったからでした。その時、わかりました。私はやはり過去生で強く思っていたことを、今生で乗り越えたい、と。

「なんでこんなこと考えてしまうんだろう」という謎の気持ちは、過去生に理由があることが多いようですが、本来、パラレルワールドやほかの星からの持ち込みもあります。

今となっては「もったいなくて死ねない」と思っています。この世はこんなにも楽しいし、体験しなくてはもったいないという気持ちが強いです。これからどういう世界を創って、経験していこうか楽しみなことのほうが多いです。でも、若い頃は気持ちも感性も敏感だったので、良くも悪くも他の人生の影響を強く受けていたのかもしれません。

今、全てが自分自身にあるのだと思うと、どんな体験、経験をするのか楽しみです。

子どもとの交信

大きな転機は結婚してからです。

私は結婚後、子どもを亡くした経験をしています。生まれてきてから4時間で亡くなってしまいました。とてもショックでした。

しかし、亡くなってから2年後にある日突然、子どもと交信することができるようになったのです。

ふとした瞬間に子どもから「生きたことを褒めて」という声が聞こえました。その頃、スピリチュアル系や死生観関連の書籍を多く読んでいたので、ある程度はわかっているつもりでした。でも、子どもからの直接の声かけがあり、「この人生を4時間で終わらせた」という言葉を受け、改めて、それぞれの魂が毎回の人生を決めているのだと思えました。

その時から子どもは私の師匠になり、気づきがある度に「おめでとう」と伝えてくれます。

今も一緒に変化しています。

親は子どもに対して上から目線になってしまうことが多くあります。私自身も

「自分は子どもを守れなかった」「自分がちゃんとしていなかったからこうなってしまった」と自責や後悔をすることもありました。でも、子どもからのメッセージを受け取って「魂は対等」ということを教えてもらい、そうした気持ちを払《ふっ》拭《しょく》してもらえたのです。ものすごく感謝しています。

ある意味では、それが大きなスタートになりました。

子どもとのその交信から、生身の子どもとして常に一緒にいてくれるような感覚を持つようになりました。手助けというか、常に見守ってくれているような感覚を通して、より強く「魂は対等」ということを感じるようになりました。

そのような日々の中でもいろいろな本を読みました。その時に出合ったのがバシャールの本です。見える世界が本当に一気に変わって、そこから過去生がさらにはっきり見えるようになりました。

一冊の本との出合いで自分が変わり、見える世界も変わって見えるようになりました。キラキラ光り耀く世界へと……。

そして見える世界と見えない世界の境目がなくなっていきました。

バシャールの本で今は廃版になっている『ニュー・メタフィジックス』（ダリル・アンカ、ヴォイス、1991）を読んで新たな視点を見いだせるようになりました。

その中でも特に、5つの波動レベル存在、知恵（気づき）、観念、感情、知性があり、この地球に来て観念、感情、知性（思考）は創り出したのが人間だという定義に魅かれました。そこから自分の内面へと意識を向けるようになり、自分の内面を見てゆくことの面白さにワクワクしていました。

それと同時に、どこからかメッセージが届くようにもなりました。今は自分だけではなく、お友だちや仲間の人たちにも伝えています。

過去生、未来生、パラレルの世界へと意識の旅が始まり、少しずつ見えない世界へと意識が広がり、たくさんの世界へ旅するようにもなりました。

お友だちの「人が海外旅行するのと同じでは？」という言葉で気づきました。

私自身、地球の中で行きたいところがないことに対して、なぜだろうと思うときがあったのですが、答えを見つけました。肉体を移行しなくても意識を移す旅行を選んだのだと……。

最初に見えたのは自分自身の過去生でした。ふっと浮かぶ画像を追っていき、いろいろな画像が見えるようになりました。

「ここはどこなの？」と聞くと、自分の中の自分が「チュニジア」と答えたのです。

さらに画像をどんどん追っていくと、踊っている女性の姿が見えました。どうやらその時に見えた私の過去生は踊り子だったようです。他人を信じることができない人生を送っていたようで、最終的に餓死で亡くなったようでした。

その人の人生が終わったあとに、生と死の中間層のようなところに意識を向けると、その彼女が「人を信じればよかった、それを学んだんだ」と言っているのを目にしました。その時、私の過去生のこの女性は「人を信じたい」ということを体験したかったんだな、と思ったのです。

それからというものの、たくさんの自分の過去生を見ることができるようになりました。ある過去生の中では今の主人との関係性が親子だったり、殺し合ったりする人生も見えました。

また、ちょうど同じ時期に、植物や動物とも話すことができるようになりました。意識が全てを変えるのです。奥行きと広がりができて、どんどん拡大し、無限になってゆくのです。

意識が広がることで、体にも変化が起きて息苦しさや生きづらさも薄らいでいき、持病の喘息の症状も軽くなっていきました。意識が変わるというのが始まったのはここからです。意識の拡大は今でも生じますが、本来の自分を思い出していくことは、とても気持ちのよい体験です。

フラダンス中に抜けていく意識

私は定期的にフラダンスをしています。

ある時、なぜ自分がフラダンスを大好きなのかが気になり、自分の過去生を辿ってみようと思いました。

自分の中に浮かんだ画像を追ってみると、地球のどこか、またはパラレルワールドのような世界でフラダンスをしている子どもが見えたのです。どうやら若くして亡くなったようで「もっとフラダンスしたかった」という思いを残してこの世を去ったようでした。その心残りがあったので、今の私がフラダンスをしている、そう気づきました。

自分の中に、面白いもの、楽しいもの、気になるもの、怖いもの、気にかかるものがあるとすれば、それは過去生や未来世、パラレルワールドで経験している可能性があります。それを探っていくのも自分探しにつながり、まるで自分自身の宝探しをしているようで楽しめます。

私はフラダンスをしていると、気持ちよくなって意識がポーンと飛んでしまうことがあります。裸足、足に触れる木の感触、フラダンスへの楽しい気持ちが意識を違うところへ飛ばしてしまうようです。それが1曲の中で2回起こったので、その間、棒立ちになっていたのではないかと少し心配になり、友人に「ちゃんと踊ってた？」と聞いたところ「普通に踊っていたよ」という言葉が返ってきたので、安心しました。

100%楽しいことが起こったり、リラックスすると、意識は飛んでいくことに気づきました。体感としては、自分が空気になり、ここにいなくなってしまうような感覚です。いるんだかいないんだか、本当に「無」になった状態としか説明のしようがない。肉体を感じないのです。空気に同化してしまうような感覚とも言えます。そのまま旅立ってしまうこともあるようです。私はまだ、ここに戻ってくることにしていますが、１００％「楽しい」を抑えることで外出したときに物とぶつかったりしないように心がけるようにしています（人や電柱などにぶつかって意識が戻ったことがあったからです）。

動物や木、妖精との会話

先ほど、植物や動物ともお話しすると書きました。そのとおり、私はお花や木、動物など、人間以外の命ともお話ができます。それができるようになったのは、いろいろな経験をする中で、意識と世界が広がっていく日々の中でした。

一番初めに話したのはお花です。同時期に、犬ともお話しできるようになりました。声が聞こえてくるというわけではありません。その命から発せられる波動やメッセージを読み取ることができるという感覚です。

初めてお花と話したのは、寒い冬の日でした。

大きくてきれいなバラが咲いていたので「わあ、きれいね」と声をかけると、「当たり前じゃない」という言葉が返ってきたのです。初めは「はぁ？」と思いました。でも、いろいろな花に話しかけているうちに、それぞれが違う言葉を返してくれることに気づき、面白いなと思うようになったのです。

今はどこへ行っても花を大切に育てている方が多いですよね。そういう方が育てた花は、やはりとてもいきいきしています。

近所にも、お花をとても大切にされているご家庭があります。ある時、ビオラだけが枯れている家を見かけたことがありました。そのビオラに「どうしたの？」と声をかけると、「私、ここ嫌いなの。だから、咲きたくない」と言うのです。お花は土を選ぶと言いますが、本当にそのとおりなんだと思いました。花それぞれにも気持ちがあるのです。

あと、お家の方に心配事があったり、体調をくずされている方がいると、木や花たちも元気をなくすことに気づきました。

また、ウサギと一緒に暮らしていた時がありました。

そのウサギは、ある日突然亡くなってしまいました。ショックを隠せなかったある日、近くまで買い物に出たとき、通りで見知らぬワンちゃん2匹にじーっと見られ、声が聞こえてきました。

「どうしたの？　悲しいことでもあったの？」と心配そうにのぞき込むのです。

また、今から23年前に旅立った犬のことですが、彼女が18歳のおばあちゃんになったとき、突然の病いで動けなくなり、じーっと動かず「私に近寄らないで」と、心の声が聞こえたこともありました。

人間のように言葉に出さずとも、心の声を聞くことはできると教えてもらいました。

「またお互いに生まれ変わったら、一緒に暮らそうね」と伝えてくれました。今から楽しみにしています。

初めて妖精を見たのは、整体に行く途中の植え込みでした。羽が生えていて、頭に触角のようなのがチュンチュンとついている。人間が履くようなものをすごく小さくしたような靴もちゃんと履いているのです。目が合ったので「あれ?」と言うと、「あれ? 見えたの?」と逆に聞かれてしまいました。「うん、ごめんね。見えちゃった」と伝えると、そこからいろいろなお話しをしてくれるようになりました。

その後、近所の公園に散歩に行くと、どの木々たちにも妖精さんがいて、波動の変化と同時に妖精さんたちも交代することを知りました。

木との会話も独特です。散歩をする際は「暑いね」「寒いね」と木に声をかけながら歩きます。散歩コースの道中には〝おじいちゃん桜〟と呼んでいる木もあります。その木は「波動が変わるよ」とか「今、空気が揺らいでいるよ」というお話しもしてくれます。

コロナ渦の間もたまに散歩がてら木と話しに行っていました。その中には「コロナはもうじき落ち着くから心配しないでね」と話してくれる木もいました。

木には教えてもらったことがたくさんあります。

温暖の影響でかなり暑くなっている地球。大変だろうなと思い、よく「暑くない？」と話しかけます。そうすると「大丈夫だよ。みんなで助け合って何とかしのぐから」という言葉が返ってきたことがありました。

木は本体を残すために、葉を落としたり枝を折ったりもするそうです。木の根っこは網状になっています。その間に菌があって、それが情報伝達の役割を持っているそうです。暑さがつらいと思ったら根を下ろして、涼しくなるように工夫しているのだとか。こうやって、木は全体でつながって助け合っています。

これを聞いて、全ての生物には本能で助け合う精神性があるのに、人間だけがその心を忘れていると実感しました。ほかの生物は無理をしませんが、人間は「やめればいいのに」というところまで無理をしてしまう。木には、人間が忘れてしまっている心や大事なことを教えてもらっています。豊かな経験だと思います。

人間以外の生物たちと共存し、分かち合えることが、私の世界になっています。今は無限に広がりつつあり、この地球を飛び出して共存している存在と出会っています。

宇宙全ての存在と再び出会えると思うとワクワクしかありません。私がこの地球に降り立った理由は、この地球の全ての存在とつながっているのを知ること、そして、全宇宙の存在とつながっていることへと移り、自分の魂が地球に来た目的を知り、目的そのものを生きることでした。

入院生活で見たパラレルワールド

私は喘息を持っており、何度も入院を繰り返したこともあります。

そのような中、何回目かの入院生活で気づかされたことがありました。


入院して、治療を受け、呼吸をするのが楽になってくると、自然と病室の窓から外を眺めるゆとりも生じてくるのです。

ある日、建物の解体工事を目にしました。工事現場の人々はビルの部品ひとつひとつをゆっくり外し、土をならしていたのです。


それを見て、はたと思いました。

自分は病室で治療を受けている。外では工事が行われている――。この世界はパラレルの世界で成り立っているのだと。当たり前のことですが、非常に新鮮な発見でもありました。
人それぞれ主役の世界が織物のようになっていて、素晴らしい世界を創っているのだと知った瞬間でした。

入院生活が度重なるにつれて、今度はどんな気づきがあるのかと、苦しい呼吸をしながら、実は内心は喜んでいる自分を発見しました。

あまりの喘息の苦しさに意識が飛び、光が浮かぶ世界が見えたとき、「私の故郷だ」と思ったこともあります。

看護師さんに名前を呼ばれて、この世界に戻ってくることができましたが、その瞬間、苦しい肉体の重さに辟易《へきえき》したこともありました。でも、それもひとつの喜びでもあったりしました。

肉体を通して、内なる声を聞くこともとても大切なことだと感じています。

第二章

あなたを愛で包む、
生活に取り入れられる
スピリチュアル

スピリチュアルとは、難しくて、
人を脅かすような怖い世界ではありません。
スピリチュアルとは、
日常生活のほんの些細な心がけ、
愛に目覚めていく「きっかけ」です。

スピリチュアルとは、
全ての出会い、人、物、出来事なども含む
体験や経験から導き出されるものです。
本理の自分＝内なる自分＝宇宙を
知ることでもあります。

ここからは、
生活の中に取り入れられる
スピリチュアルな行動・心がけを紹介します。
柔らかな気持ちで、
自分に合いそうなものを取り入れてみてください。

感情は一日一日のうちに流し切りましょう。

日々、仕事や人間関係で疲れてしまうことも多いのが人間です。

「家族とうまくいかない」
「上司との折り合いが悪い」
「ネガティブ思考が強い」
「自分のせいだと思い込んでしまう」

このようにマイナス感情が心を覆いがちの人は、一日一日を区切りとして、その日その日でマイナス感情を流していくようにしましょう。

マイナス感情は悪いものではありません。

しかし、持っていると心を苦しくさせてしまうのは事実。

まずは「一日」をひとつの区切りとして、特定の感情を一日の中で感じ切り、翌日になる前にリセットする意識を持つようにするのがおすすめです。

これは感情を自分自身でストップさせるわけではありません。感情をしっかり感じ切り、心の奥底からさらさらと流れていくイメージをすれば、感情は「本人にわかってもらえた」と流れていくものなのです。

翌日も同じ感情に心を覆われても大丈夫です。

毎日新しい自分ですから、再びしっかりと一日の間で感情を感じ切り、その日が終わる前に流していくイメージをするだけで、マイナスな感情側も本人に感じ切られることを覚えていくでしょう。

そうすれば、次第にネガティブな感情を心から流していくことが習慣化されていきます。

マイナス感情が自分に対するもの、他人に対するもの、どちらであっても、感じることを否定せず、受け入れることで、自分をゆるすことができます。

そうすると、クセになっているネガティブな感情や、それを生じさせる出来事も少なくなっていくのです。

いずれ、マイナスがプラスへと変容し、その変化すら「面白い」と感じられるようになる瞬間に立ち会うでしょう。

人間は感情を感じるために地球にやってきています。だから、怒っても泣いてもいいと思うのです。喜怒哀楽は人間だから体験できること。その体験を大事にしたいですね。

また、人間の喜怒哀楽は、妖精や天使のごちそうでもあります。怒っても泣いても、全てそうした存在に喜んで受け取ってもらえます。

毎日「新しい自分」になるイメージをしましょう。

繊細で真面目な人ほど、過去を思い返してしまうことが多いものです。

「あの時、どうすればよかったんだろう」

「どうして、あんなこと言ってしまったのだろう」

「ああすればよかったのだろうか」

私も以前は、自分を苦しめるのが得意でした。

こうした後悔は本人を苦しめ、前進する力を止めてしまいます。

せっかく未来が待ってくれているのに、過去に囚われているのはもったいないことです。

しかし、自分が後悔したり、不安がったり、心配したりしていることに気づいていくと、その度に過ぎたことを忘れられるようになるのです。

そして、マイナス感情を引き出す出来事も消えていきます。

人間は必要なときに、必要なことを思い出すようにできています。

過去の出来事に必要以上に囚われなくても、万が一、過去を思い出す必要があるならば必ず思い出すようにできているのです。その「想起の力」に委ねましょう。

そして、私たちがイメージするのは「新しい自分」です。

例えば、

・今までやりたかったことにチャレンジする自分

・仲良くなりたかった人と話せている自分
・着てみたかった服を着ている自分
・行ってみたかったカフェで珈琲を飲んでいる自分

壮大なことではなくても、次のような些細なイメージでも構いません。

・よく寝て、よく食べている自分
・深く呼吸できている自分
・笑顔で挨拶できている自分

大切なのは、今までになかった「新しい自分像」を形作り、強くイメージすることです。イメージすることで私たちは自然と変わっていくのです。

人間関係では魂は平等です。

私たちが抱えるストレスはほとんどが人間関係に起因しています。

「上司がひどい物言いをする人で……」
「旦那（または妻）とのパートナーシップがよくならない」
「子どもが言うことを聞かない！」
「友人からのマウントが苦しい」

最近は「親ガチャ」「上司ガチャ」など、人間関係や置かれた環境を「ガチャ」にたとえた言葉も流行するほど。

しかし、どれだけ立場に上下があっても、魂は平等です。

地位、先輩・後輩、性別……。さまざまな立場の違いはあったとしても、その人を根幹で支えている〝霊的な領野〟は完全に平等なのです。

つまりは、どちらかが大きな力を持ってあなたを制することはできないし、逆に、あなたが相手のことを完全に支配することもできません。

〝霊的な領野〟である魂は、それぞれ個性を持っていますが、どれも大切で、尊いもの。それに甲乙はついていません。

魂はお互いに成長の機会を提供しあうために存在しています。

だから、「あいつなんていなくなってしまえ」と思うよりも、「ありがとうございます」「あなたのおかげで成長することができました」と感謝の念を送ったほうが、離れるまでの時間も短くなります。

もし相手に「仕返ししたい」というような気持ちが生じたら……。

その時は、心の中で、相手に伝えたい言葉を吐き出すようにしましょう。

自分が相手をどう思うかは自由ですから、どんなにひどいことでもよいのです。

感じることはそれぞれの思いですから、大切にしましょう。


自分を抑え込む必要はありません。

ひどいことを思ってしまうのは、人を傷つけることとイコールではありません。

思いや感情を流すと、自分自身の仕返しの感情も小さくなり、「もう終わります」と終わりの鐘が鳴るでしょう。

人に悪口を言われたとき

悪口も時や場合でさまざまな受け取り方があると思いますが、悪口を言う人は自分に自信がないので、「相手」を作って攻撃することで優越感や優位さを感じていたいのでしょう。

理不尽なことを言われたり、されることも同じです。

そんなときは「へぇー、こんなふうに思っていたり、言ったりするのだ…」と、それぞれ人は違うと考えましょう。

悪口を言うことは、自分自身を攻撃しているのと同じことです。

しかし、悪口を言っている人はそれに気づけないのでしょう。言わせてあげてください。

心の中で「自分のことなのに…」と呟いてください。そして、自分はそうしたことを言わずに、幸せになることに心を注ぎましょう。

目を閉じて心をよく感じれば、見えなかった「自分」が見えてきます。

「サイキック」という言葉を聞くと、なんとなく「特別な人しか持つことのできない能力」のような気がしてしまいますよね。

しかし、最近は違う世界へのアンテナに対して敏感になっている人がたくさんいます。

たとえば、パソコンやＡＩの世界、環境によいもの、自給自足など、あらゆる領域へ興味を持ったり、凄まじい量の知識を持つ人が増えました。

それもひとつの「サイキック」です。

このように、最近の地球は、新しい世

界への進度がますます高まり、それに対してついていける力を持った人がたくさん生まれてきています。

きっと、これを読んでいるあなたも、なにか新しい世界への高まったセンサーを持っているに違いありません（持っているからこそ、このページを目にしている、ともいえます）。

では、自分はどんな世界に対してのセンサーを持っているのか？

それを知るためには、目を閉じて、自分の心にゆっくりと意識を向けていけばわかります。

どんなに小さなことでもやってみることです。

私にとって、自分の心に従って初めて挑戦したことはピアスでした。このようにどんなに些細なことでも構わないのです。

ワクワクするものだったり、心穏やかに感じたりするものだったり、知らぬ間に行動化してしまうようなこと、誰かに伝えたくなるような喜びをもってやれることは、全て自分のアイデンティティや使命にもつながっています。

そのような行動をどんどん起こしていける人には、人を惹きつけるキラキラが体をまとい、起きてほしい出来事を起こし得る力も大きくなっていきます。

目をそっと閉じて自分を知ること、そして、行動を起こしてみること。
それによって、自分だけの「サイキック」が発揮されるのです。
本当は、ひとりひとりがサイキックな人なんです。
思い出しましょう。

自分の心地のよい場所に足を運ぶことで、自分本来の波動が流れ始めます。

先日、奈良県に行きました。

私は奈良の独特な軽い波動が大好きです。奈良は比較的、波動がなだらかに流れていて、滞っている場所がありません。

実は、奈良に行くと気持ちがスンと楽になる人も多いのです。

自分が好きだと思う場所は、その人の波動を流し、軽くしてくれる場所であることが多いのです。

残念ながら都市部にはたくさんの巨大なビルが建ち並び、アスファルトやコンクリートで覆われた道路が整備されているおかげで気（波動）の流れを遮断しています。

私は奈良県に行った際に、橿原《かしはら》神宮に寄りました。

すると、それまで感じていた体の重さや首の痛みもサラっと軽くなりました。橿原神宮自体の波動も軽く、気が流れやすい場所だからだと思いますが、人それぞれ、好きな場所に行くようにすると、心も体もふわっと優しい風に包まれるような感覚に抱かれます。


「自分の心地のよい場所がわからない」という方は、心がなんとなく明るく、軽くなる場所を探してみましょう。

それは特定の寺社仏閣や都道府県である必要はありません。


例えば、実際には存在しない場所でもいいのです。

私はレムリアの世界が大好きで、見ることができます。

そこはとてもカラフルで自由。天使もいればユニコーンもいる。自分には羽が生えていて、空を飛ぶこともできます（見える人によって違う光景になることも多いです）。

そうした自分だけの心地よい場所を作ることも大事です。

さらには、YouTubeや音楽、本、映画の中など二次元の世界を「心地のよい場所」とするのもおすすめです。

最近の20〜30代の方々の価値観や世界観はとても豊かに広がってきています。というのも、この年代の方々の頭にはアンテナがついていて、他の星の生命体と交信している人が多いのです。

多種多様な捉え方・考え方で、自分の心地のよい場所を見つけていくと、その人本来の波動が流れ始め、軽く明るい方向へ心が趣いていきます。

お気に入りの神社で、感謝の波動を発するようにしましょう。

大きな富や地位を得ることだけが大切ではありませんが、仕事や勉学、人生で大きな成功を収めている人は、なぜか「神社」と「感謝」を大切にしている傾向が強いようです。

私は特定の宗教を信じているわけではありませんが、特に、風がよく通る、気の滞りのない神社は身心を軽くしてくれます。

自分が心地よいと感じる神社を見つけたら、生かされていること、今日その神社に足を運ぶことができたことに、大いなる感謝を送りましょう。

さらに神社にある木はとても重要な役割を担っています。特にご神木は別格です。

大げさに言えば、本殿よりご神木が人々の思いを受け止めてくれています。

ご神木も好きですが、狛犬さんたちを見るのももっと好きです。守り神として本殿に寄り添っています。

狛犬さんは左右に分かれて鎮座しております。必ずご挨拶することにしています。

口が向かって右が「あ」左が「うん」に分かれています。

サンスクリット語で、「あ」は宇宙の始まり、「うん」は宇宙の終わりという意味だそうです。

宇宙の始まりと終わりの入り口をくぐり、生かされていることへの奇跡に思いを馳せてみましょう。

木自体はこの地球を守ってくれている大切な生物です。一緒に地球で生きているという共有の感覚を大事にしたいものです。

感謝ほど、自分自身の体・心・魂を満たす思いはありません。

感謝の念を発している人は、いつも体内から幸せの粒子を発しています。

その結果、周りの人をも幸せにし、よい出来事にも恵まれ、さらに幸せになるという好循環を生み出しています。

もし、「ツイていないな」と思うようなことがあれば、神社に行ってみて、今ここに在ることを思いっきり感謝してみましょう。

むくむくと神様の力が自分に向いてくるのが身に染みて感じられます。

神社はお願い事をするためではなく、感謝するために行く場所だと思います。

1日1回以上の感謝と対話

１日１回は空に向かって「今日も地球にいる。宇宙のみんなありがとう」と挨拶すると、気持ちのよい瞬間を体験できます。

毎日、散歩がてらに買い物に出かけているのですが、散歩の途中に植物さんたちに話しかけたり、話しかけられたりもしています。

風、太陽、（夜はお月さまやお星さまに）話しかけるのも大事です。

人間以外の存在と会話することを一番大切にしています。自分が生きていると実感するからです。

レムリア再び！
文化に触れて
「カラフル」を
体験してみましょう。

時代はこれから、レムリア再降臨！となります。

なぜそう言えるかというと、昨今、テレビや音楽、本、映画などの内容がどんどん多様化しており、外見・内実ともにカラフルだからです。

レムリアの世界はとてもカラフルなのが特徴です。

そこには天使やユニコーン、人魚まで存在しています。まるでこの世で夢物語とされる世界が広がっているのがレムリアです。

（レムリアの世界にいる私は、天使の姿です！）

そして、今を生きる30歳前後の人々が、このレムリアの世界観を地球で展開させていっているのを感じています。

価値観や捉え方も多様、相手を尊重する気持ちも強く、今回の人生だけではない違うところ・時間軸からの記憶を持ち込んで、地球の波動をさらに高めようとしているようです（それをスターシードと呼ぶ場合もあります）。

たとえば、髪の毛をカラフルに染める人も増えました。

明るくて色とりどりのファッションを自由に着こなせる風潮が広がりました。

アニメの映像はますます繊細な色使いで、見る者を魅了しています。

これこそが再びのレムリアです！

古いものも温めながら、新しいものを豊かに取り入れる。

そんな自由で、明るく、軽い波動が、これからの地球に注がれています。

そして、それを担っているうちの一人が、これを読んでいるあなたでもあります。

レムリアを表現している音楽や映画

音楽は、聴いていて意識が広がる感覚になるものが好きです。

水や風の音のCDなどもありますが、一番好きなのが超高音です。

歌声も高音が大好きで、テンションが上がり、エネルギーの流れがよくなるのがわかります。まるで瞑想しているような感覚に誘われます。

映画やドラマなどはファンタジー系のものや多種多様な生命体が出てくるものにレムリアを感じます。『ドラゴンボール』『スター・ウォーズ』などもそうです。

レムリアとは関係ないですが、とても人間臭い映画も観るときもあります。韓国の映画監督、ポン・ジュノさんの映画は個人的にとても大好きです。人間そのものを表現していて地球を味わうような面白みがあります（人間も好きですから……）。

地球に来た理由は喜怒哀楽を体験するためです。

「どうして地球に生まれてきたんだろう？」

そのような質問をされることがありますが、答えは「喜怒哀楽を体験するため」です。

まず、ここで、地球という「場」についてのお話を先にします。

ほかの星と比べて、地球は独特の波動を持つ星です。そこにやってきた人間の魂は、ひとつのものから分化していくことを覚えていましたが、時間が経つうちに、そのことを忘れてしまいました。

人間の魂は、大いなるものの一部であることを忘れて、文明を発達させていくことを選択したのです。

結果、地球に来る魂たちは、「良い」「悪い」など、あらゆることを二分化する思考やルールを決めるようになりました。

人間同士も「私」と「あなた」というように分離の世界を創りました。まれに、ネイティヴアメリカンと呼ばれる人たちは、全てがつながっているという概念を持ち続けています。

そのようなかで創り出されたのが、「嬉しい」「喜ばしい」「怒り」「悲しい」という感情です。

でも、こうした感情は、人間だからこそ体験できる素晴らしい貴重なものだと捉えることもできます。

だから、マイナスな感情も思いっきり感じるのが人間の目的でもあるのです。

怒ったり泣いたりしても大丈夫です。
実は、天使や妖精は人間の喜怒哀楽が大好きなのです。どんなマイナス感情も喜んで全部受け取ってくれます。

感情は自由です。罪悪感なく、感じることを自分にゆるしてあげましょう。

HSP
（Highly Sensitive Person）

HSP（Highly Sensitive Person）とは、人間関係に由来するさまざまな出来事や感情に対して過剰かつ繊細に反応することを指します。

これは、生まれてくるときに、持ち込んでいる方も多くいらっしゃって、今生で乗り越えることを決めている魂もあります。

過剰反応は悪いことではないのですが、自分を責めたり、嫌う必要はありません。むしろ我慢するほうが、体調をより崩すことになるように思えます。(吐き出すことが大切です！)

どんなときに「HSP」という反応が起こるのか、自分でわかればその場の状況から離れるのが一番よいと思います。離れられないときでは、ゆっくり大きく呼吸するのをおすすめします。

呼吸することで落ち着いてくると、自分が安心・安全な状態だと気づくでしょう。

木のエネルギーを感じて、エネルギーの滞りを溶かしましょう。

実は、木は人間にとって大切な存在です。木は普段から仲間の木を助けていることもあり、他の生物と共存する気持ちが強い生命体なのです。

そして、人間の思いを反映してくれる存在でもあります。

ある時、ボランティアでデイサービスセンターへフラダンスをしに行ったことがありました。自宅に戻ってから、体の中の気が固まってしまい動けなくなる事態が発生したのです。

体が重くて重くて、寝返りも打てない……。そんな状況を助けてくれたのが木たちでした。いつも行っている公園の木たちが一気にエネルギーを送ってくれるのがわかったのです。

その感覚は、風がやってくるというイメージ。

でも、実際は風がやってくるのではなく、やわらかなエネルギーが体全体を包み込んでくれるような優しい温かさでした。

この世界で生きている共存体として木が私を受け入れてくれたからです。

「こんにちは」「いつもありがとう」「素敵ね」……。友人に話すように声をかけるだけで全ての生命体は喜びます。

物質世界だけではなく、ほかの生命体とも普段からつながっていると、豊かな恵みをいただくことができます。

ワンちゃん、猫ちゃんと一緒に暮らしている方には、わかるでしょう。

事実、人工物だけでできた建築物などの波動は弱く、元気がないものが多いのもよくあること。エネルギーに敏感な人のなかには、コンクリート打ちっぱなしのお部屋で気づかぬうちに体調をくずしていることもあります。

一方で、自然の中でリラックスできるのは、自然たちの波動が高いからです。私たち人間の細胞を根底から元気にしてくれる力をもたらしてくれています（人間の肉体は自然そのものです）。

それくらい、木などの自然から発せられる波動は高い。

そのエネルギーを感じるように、木にそっと手を当てて、その温かみを直に感じてみましょう。

また、水のエネルギーを受けて滞っている波動を流してみましょう。

木や土の波動を受け入れると、元気なパワーを感じますが、水のエネルギー（波動）を受け入れると詰まった波動が流れ出していく力があります。

どちらも人それぞれに合った波動を受け入れることも大切です。

木や水、土……。あなたが「合う」と思う自然は何ですか？

服

私は若い時から、人工的な素材の服を着ると、赤みや痒みという症状で体の声を聞くことができました。

長い間、綿、絹物を着ていると、時々人工物の入った物を身につけると、体が息苦しいと伝えて皮膚呼吸できなくなるように感じます。

化粧品でも同じようなことが起こり、ようやく肌が喜ぶものに出合えました（しかし、未だにファンデーションはつけられません)。

《おすすめの身につけるもの》

●洋服は綿を100％使っているもの（なるべく人工物を使用していないもの)
●インナーは絹など肌に優しいもの
●無印良品の綿の服

人間は地球の新参者。地球の「変化」を楽しみ、愛してみましょう。

私の主人は環境問題に関する活動をしています。そんな主人が、先日、次のようなことを話してくれました。

「地球は温暖になったって困らないよね。なくなるわけじゃあるまいし。表面的には変わるかもしれないけど、中も動いていたって、なくなるわけじゃない。ただし、人類は消えるかもしれないけどね」

温暖化が進み、人類をやめるということを人間の魂が選ぶかもしれない。けれども、地球は困らない。そこを人間は理解しないといけない。

「地球のため」なんて、そんな上から目

線で言っちゃいけません。だって、地球がなければ人間はいられないのですから。

この地球の生命体の中で、人間が一番の新参者です。

若葉マークをつけて生きているのに、一番偉そうな顔をしている。

そんな新参者の私たちにできることは、地球の「進化」ではなく「変化」の恩恵にあずかることです。

地球も生き物なので、長い歴史の中で、氷河期や暑い時期を何度も繰り返してきました。時には地震や台風などが起きることもあります。

人間の視点から見たら、それは「悪」かもしれません。

しかし、地球に住まわせてもらっている以上、人間はその変化をいかに豊かな視点で受け入れられるか、思いを馳せる必要があり、敬意を持つことが大切です。

花が咲き、鳥がさえずる。川は柔和に流れ、風は季節の訪れを伝える。
お米や野菜は大地にすくすくと育ち、果物は太陽の陽を浴びて甘くなる。
地球があっての人間です。

地球の森羅万象に愛を向けること。
それが若葉マークをつける人間にできる愛の行為です。

掃除

私はほぼ毎日、掃除をしています。しっかりと窓やドアを開けて、気の流れをつくります。洗濯、トイレ、お風呂の掃除も同じです。風の流れ、部屋の中の空気の澱みがないように心がけています。

ただ、掃除後の排水が汚れてしまうと海の生物たちが元気でいられなくなるので、「オレンジX」というオレンジの皮から抽出精製したフードグレードのオレンジオイルを洗剤として使っています。これは、ほとんどのものへの洗剤として使えます。

収納に関しては、物をいっぱい詰め込みすぎないようにしています。半年に1回のペースで荷物量を調整しています。

本は「紙」で読むほうが本からのエネルギーを摂取できます。

私は、本は断然、紙派です。

最近は持ち運びもできる便利な電子書籍が主流になっていますが、人工的な画面に映し出される文字を私の目が嫌うのです。電磁波も一緒に吸収してしまうので、書かれていることの3割を忘れてしまうという統計も出ていると耳にしました。


「出版は斜陽産業」だと言われて久しい時代。

それでもなお、紙の本が売られ続けているのは、紙から伝わるエネルギーのファンが非常に多いことを証しているとも言えます。

紙の本は、行間、文字の大きさ、手に伝わる質感をまざまざと感じることができます。紙の本から心地よい、いきいきとした幸福感が醸し出されているのは、その紙面がもともと木（植物）からできているからです。

人間が手を加えれば加えるほど、自然物からかけ離れてしまい、元気もなくなってしまいます。

実際に、紙の本から得る知識のほうが自分の血肉になります。

本を書いた人の波動も、紙の本からのほうが伝わりやすいのです。

紙の本から醸し出される空気感を味わうことは、それを書いた作者との会話、思い出の想起、記憶の引き出しの開け閉め、静かな祈りです。

そのような時間を持つことが、自分を愛することにつながります。

私の好きな本は、次のものです。
・『大事なことはみーんな猫に教わった』（スージー・ベッカー、径書房、2020）
・『ニュー・メタフィジックス』（ダリル・アンカ、ヴォイス、1991）

電磁波とのかかわり方

家電機器とは、切り離せない生活を送っている方がほとんどでしょう。「電磁波は良くない」と強調する人もいらっしゃいますが、電磁波も自然の一部ですよね。

家電機器然り、できる限り、家の中であれば換気をして流れをつくることにしています。エネルギーも流れが滞ると元気がなくなりますから。

また、電子レンジで調理はあまりしないようにしています。かつて、土鍋でご飯をつくっていたときはご飯が元気でした。ガスコンロで調理した料理のほうが波動がふんわりとして、元気です。

さらに、家電機器というのは個人的に電力がとても必要になるように思いますし、どちらかというと波動は弱い傾向にあります。

いつでも接続可能！チャンネルを合わせられる自分になりましょう。

小説を書く人、アニメを描く人、ものづくりに長けている人……。さまざまなクリエイターはチャンネルを合わせるのがうまい人だと思っています。つまりは、チャネリングできる人ということです。

チャネリングとは、この世界とは別の世界にあるもの、まだ形になっていないものを形にできる力のことを指します。無限にあるものを形にする力のことだともいえるでしょう。この力は、実は一人一人に備わっている力でもあるのです。

チャネリングしないで生きている人は実は誰もいません。直感、アイディア、以心伝心することなど日常的なことなのです。

まだ見えない世界とチャンネルを合わせるためには、よい気づきを多く得るように意識するのが近道です。

「これにはこんな意味があったんだ！」
「自分は今、こんな変化を迎えている」
「あの人は、こんなに頑張ってくれていたんだ」

このように、自分や自分以外の存在や出来事に対して、「気づき」を増やすことで、自分の中のチャンネル数が増えます。

私の場合、バシャールの本を読み始めたとき、チャンネルがいっきに増えました。自分にとって「ちょうどよいとき」は自分の魂がよくわかっています。そのタイミングにちょうどよい出来事を自分で引き寄せ、選択しているのです。

それは人との出会いだったり、出来事だったり、景色だったりします。

自分が見たり聞いたりする全てのものから、そのタイミングを自分で拾っている。その延長線上にチャンネルの数が増える可能性が秘められているのです。

逆に、すごく嫌な感じがすることばかりに焦点を当てていると、亡くなった人の念とチャンネルが合ってしまうケースがあります。

しかし、亡くなった人の中でも、この世から旅立ったことに気づいていない人、あるいは、好きであえてそこにいる人も存在します。

時折、亡くなった人と話すこともありますが、それぞれの「存在の方法」があるんだな、と知りました。

亡くなった人の存在（たとえば幽霊と呼ばれる存在）は誰かにとっては大切だった人で、一概に悪い存在とは言えないのです。

チャンネルを自分がどこに合わせるか。
常に、新しく「変わること」を意識するのが大切です。

体の声に耳を傾けてみましょう。

10代の頃から、体が拒否するような素材のものが多かったり、季節変わりの風に当たると謎の体調不良に襲われることが多々ありました。

これをきっかけに自分の「体」と向き合う習慣が身につきました。

現代人は体に向き合うことをおろそかにしてしまう傾向があります。

体調不良になってからではなくて、普段から「体が求めること」にちょっと心をとどめておくだけで、身心は健やかに保たれていきます。

たとえば、洋服屋にて。

手にしたセーターがチクチクしないか？　着てみたらどこかに出かけたい気分になるか？　セーターを触った瞬間に肩がふわっと上がってワクワクするか？　体の声を聞いてみましょう。

さらにはスーパーにて。

ぱっと目に入った果物が自分の活力になるものか？　甘みが体に染みるか？　疲れがとれるものなのか？　ちょっとだけ触って体が安心感に満ちるか感じてみましょう。

体は先に答えを知っています。体に集中すれば、目の前の対象物を触った瞬間に「それ」が自分にとって必要なのかどうか、わかるのです。

肉体というものは自然物１００パーセントで成り立っています。

素直に体が反応するものを信じて、喜びを感じるものを生活に取り入れましょう。

食事

自然の一部の生命をいただくのが、食事です。
食べることは生きることです。

食事の中では特に、生野菜をいただいたとき、体が喜ぶのがわかります。
ちなみに私は食べることが苦手で、小食です。それでも元気です。

「いっぱい食べるほうがいい」という風潮がありますが、その人に合った“食べ方”や“量”があるので、体の声をよく聞いてみましょう。

体の声が、あなたの一番の答えです。

《体が喜ぶおすすめの食事》

- 米粉のパン
- ブルーソーラーウォーター（潜在意識の古い記憶を消し去る効果があるようです。水道水を青いガラス瓶に入れて、太陽の光を1、2時間浴びさせたものが、よりおいしくなります。水とお米の味がよくわかるようになるのです。）
- 国産無添加で農薬不使用の大豆を使ったお味噌汁

自分の体が喜ぶ物を探すのも楽しいと思います。

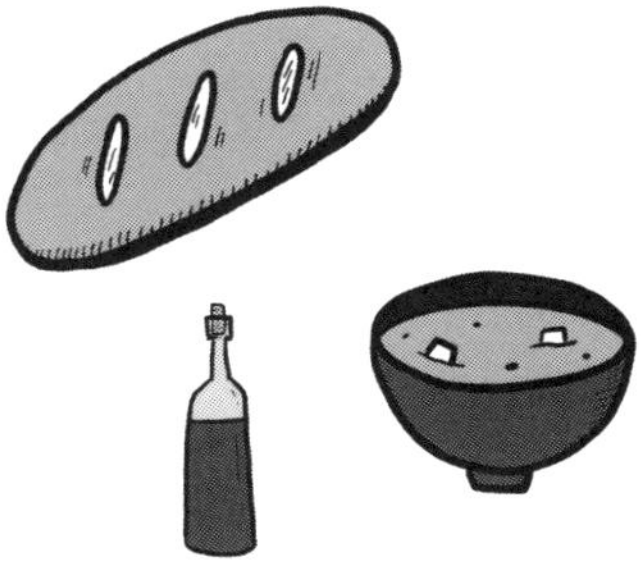

100パーセント信じてみましょう。

１００パーセント、信じてみたことはありますか？

10年前、私の主人が仕事でものすごく行き詰まってしまったことがありました。バブルがはじけた後で、仕事がなくなってしまったため、ちょっとしたアイデアで、とある開発を始めたのです。

そのときに、主人がぽつりと「大丈夫かな、これ、うまくいくかな」と呟きました。そこで「自分の中で、パーセンテージで言ったら、どのくらい信じてる？」と聞いたところ、「１００パーセント信じてる」と言うんです。「じゃあ大丈夫だよ。100パーセント信じていれば、100パーセントものが形になる」と答えました。

おかげさまで、それで会社を立て直すことができました。唯一無二のものをつくったのです。鉄を加工する業界では、画期的なつくり方だそうです。

それからというもの、主人は毎日、目をキラキラさせて楽しそうに仕事をしています。

そのとおり、「仕事から教わることがいっぱいあった」と主人はよく言っています。

何を言いたいのかというと、100パーセント信じたものは必ず形になるということ。あなたは今、自分の未来に対して「絶対こうなる！」と100パーセント信じてみたことがありますか？　もしかしたら、「ダメかもしれない」と疑って、勝手に不安になっていませんか？

100パーセント信じてみることは、自由です。
信じたパーセント分が自分に現れます。

人間の思いというのもは、とてつもない力を持っています。
微塵の疑いもなく願い、祈り、行動した先に待っているのは、頭の中で描いていた現実そのものです。

「袖振り合うも多生の縁」は本当のお話です。

かつて、とあるオープンカレッジの「哲学のすすめ」という講座で出会った女性がいました。たった3カ月という短期間でしたが、その女性とはとても気が合い、たくさんお話をしました。

「この人とは気が合うな」と思った理由は、私が持っている書籍を、その人も必ず持っていたからでした。そうした偶然がたくさん重なり、ふたりで大笑いした経験はとても濃密で大事な思い出です。でも、その女性の住んでいる場所など細かいことは全く知りませんでした。その講座に通っている間だけでしたが、かけがえのない時間をくれた仲間でした。

時々人生で、こういう人に会うことがあります。

特に強い結びつきはないのに、「この人のこと知っている」と感じたり、話がぴったり合うという人に会ったことのある人は多いのではないでしょうか？

「袖振り合うも多生の縁」という言葉があります。「たしょう」には「多生」と「他生」の両方があるのです。

「多生」は姿かたちを変えながら、何回もこの世に生まれてくること。

「他生」は過去と未来を指す言葉です。

どちらも輪廻転生を前提とした仏教の言葉です。どうしても今の「生」に目が向いてしまいがちですが、輪廻転生や生まれ変わりの考えを持っていると、あらゆる出会いに感謝やワクワクの気持ちが生まれます。

人間には必ず会う人やものが存在し、それはどこかほかの人生でも必ず会っているのです。それがわかったときは、電車に乗っていても嬉しく思います。「この人たちとどこかで会っているんだ」とワクワクしました。

この世界の輪廻転生だけでなく、パラレルワールドやほかの星での出会いも同じことです。

ほんのちょっとすれ違っただけでもきっとどこかで会っていると思うと、人との出会いはとてつもない奇跡だと感じることができます。

お札・お守りとのかかわり方

専門的なことはわかりませんが、習慣にしているのは、年始などにいただいてきたお札などは神社にお返しするようにしていることです。

お返しするときは必ず「ありがとうございました」と忘れずにお礼しています。

お守りも同じようにしていますが、返し忘れた場合はきれいな紙にお守りを入れてお塩をたくさんかけて包んでお礼を言って旅立ってもらいます。

ちなみに、私はいただき物以外、お守りを持つことはありません。

神様をどう捉えるかによって違うかと思いますが、私は敬意を払う全てのものが神様だと思っています。

守

キャッチできたものは全て宇宙のどこかに存在します。

自分の過去、未来、そして異世界が見えるようになると、この世界に存在している形あるもの全てが宇宙にあるものだと気づくようになります。

本、テレビの世界、映画、ゲーム、絵画……。私たちの目の前に現れている全てが宇宙界ではつながっていて、それをキャッチできた人が具現化しているのです。

言い換えれば、本来は全てが宇宙にあるから、キャッチもでき、想像もできるということです。

ないものは想像すらできません。

大型の本屋さん（たとえば新宿紀伊國屋書店など）に行くと、大量の本が並んでいます。これらも全て宇宙のどこかに存在するから形になっている。

生も死も、老若男女も、森羅万象も、喜怒哀楽も全て宇宙の賜物です。

そう思ってワクワクすることで、誰もが宇宙とつながることができるのです。

ツインレイの存在とは必要な場所、必要な時に出会えます。

魂は片割れを探しています。

それを融合させるために出会う人もいます。それを「ツインレイ」や「ソウルメイト」と呼びます。私は「家族の魂のグループ」だとも思っています。

そうした存在とは、必ず出会うようにできています。ただし、必ずしもその存在と一生一緒にいられるわけではありません。「一緒にいること＝魂の成長」とは限らないからです。

ツインレイは家族や兄弟かもしれないし、友人、パートナーなど、人によってその関係性は異なります。

私のツインレイは、結婚する前に、1年ほどお付き合いしていた人でした。その人に会えなくなるのが寂しいというよりも、お話できなくなるのが残念という感覚を持っていました。かなり長い間、誕生日も声も、その人にまつわる記憶がなくなりませんでした。たった1年でも、何十年も一緒にいたような感覚で、本当に濃厚でした。かれこれ40年も前ですから、あの当時は携帯電話もなかったので、ほぼ毎日手紙のやりとりをするほど、仲が良かったのです。

その後、いろいろと自分探しの旅をしているときに、「あの人は私にとって特別な人だったんだな、魂の片割れなんだな」とはっきりわかりました。

そのツインレイは前世と共に、未来生でも、どの人生においても関係性が変わっても常にそばにいてくれるようです。

今の人生のもっと先、どこかはっきりとはわかりませんが、そのツインレイとの最終章を迎えることがわかっています。姿かたちはあまりなく、ほとんど透明な存在として、乳白色の海辺で一緒に座っているのです。

その時に、シャボン玉のようにぽわわわんと、2つの魂がひとつになり、ワンネスの世界へ戻っていくのが、未来世に刻まれているのを以前見ました。

ツインレイについて考えるときに大事なのは、本来、魂はひとつであるということ。しかし、約束していれば、それぞれは別の存在（人間）になって分化します。それを人間の世界で体験し、魂を成長させることに、ツインレイの最大の意味があります。

手をそっと開いておけば、ほかの人が経験していることすらも感受できます。

つらいとか、苦しいとか、悲しいという感情を持っていると、手を自然にギュ－ッと握りしめてしまうことがあります。体の緊張状態が続くと、本当にその人に必要なものがなかなか入ってきづらくなってしまうのです。

たとえば、「犯罪」というワードを聞くと、体と心がキュッと下に下がるような感覚を覚える人も多いと思います。でも、実際にこの世界に「犯罪」は存在してしまっている。あってもいいとは言わないけれども、「そういうことはまだ起こり得る」と認めれば、手が開きます。

人類は選んで、そういう経験をしようとしています。神様も天使も妖精も、あらゆる「善」とされる存在が「これでよい」とゆるしを出しているのです。

その摂理を知ると、自然と手が開き、今、地球を経験していることに大きな意味を見いだすことができるようになります。

そして、今あなたに必要なこと、大いなるものに必要とされていることを感受できるようになります。

「知る」ということと、「知っている」ということは全く異なります。自分が経験していればもっとその差は大きいです。

自分がわからないことは、自分以外の人が経験しています。「こういう経験をした人はこう感じるんだな」と知ることができるのです。それがちょっとずつみんな違う。だから無限に人がいるのです。一人ではない。一人で全部はできない。そのために人類がいる。

少し壮大な話になってしまいましたが、自分一人だけでは、他人の「ありえない」ような経験を知ることすらできません。

人類が経験していることを知ろう、受け取ろうとする寛容な気持ちを持てば、手が開き、本当に必要な「私にだけ送られた情報」を得られます。

誰だって
罪悪感は抱くものです。
いかに感じ切るかが
大切です。

今、「こんなこと思って悪いな……」と罪悪感を抱えている人へ。

おめでとうございます！　そう思っている自分を褒めてあげてください。「私にもそう思う感情がまだあるんだ。やった！　悪いと思ってる。久しぶりだな」と喜ぶと、その感情は流れていきます。

いずれ、あなたの罪悪感はさらさらと流れて、小さくなっていくでしょう。

何度も言うとおり、その感情を抱くことは決して悪いことではありません。

何度も感情を感じて、感じ切ってしまうと、最初は大きいと思っていた罪悪感を起こす出来事自体が、だんだん小さくなっていって、最終的になくなっていきます。これは私の体験です。大きかった出来事がだんだん小さくなって、そのうちになくなる。そういうことが起きなくなる。新たな自分にどんどん変わっていくのです。

ただし、罪悪感は「愛」の真反対の感情です。というのは、罪悪感が悪いという意味ではありません。罪悪感ほど自分を受け入れるのが難しい感情はなく、愛ほど自他を受け入れやすい感情はない、という意味です。愛はさらさらと心に入ってくる。一方、罪悪感は心に蓄積されて、持ち主を縛りつけやすいということ。

どちらも「感情」という点では変わりません。どうやって感じるか、どうやってかかわるか。それによって、感情の流れ方が変容していきます。

思ったことは「言葉」にしてください。チャンネルが増えます。

思ったことは口にしていますか？
悲しいこと、苦しいことはもちろん、楽しかったこと、嬉しかったことを、口から言葉にして吐き出していますか？

私はコロナ禍の間、なかなか人に会えなかったので、他人と話す機会を失っていました。そのせいか、胸がパンパンになって苦しくなっていたのです。

ひとたび、お友だちと会えるようになってからは、詰まりがスポンと抜けました。楽しいことは話せば話すほど、楽しさが倍増します。人間は、楽しい波動になってくると、ほかの楽しい次元も見えるようになっていくのです。

もし、話す相手がいない場合は、独り言を言うのがおすすめです。

私の主人は、独り言をよく言います。

ある時、「誤解されるから気をつけてね」とふざけて言ってみたところ、意識的に独り言を止めてみたそうです。そうしたら、具合が悪くなってしまった。心がパンパンに詰まってしまったんでしょうね。


独り言は心や頭の整理にもぴったりです。

感じ切るためには話す。言葉にすれば、その世界はさらに広がっていきます。


誰かに対してのマイナス感情を口に出すことで、誤解を招くこともあるでしょう。

そういう時は、誰もいないところで思いっきり声に出してみることです。

誰かや何かを傷つける必要はありません。

深呼吸して心に「余白」をつくってみましょう。

今、自分の呼吸を感じてみてください。とても浅くないですか？

社会の中、人間関係のしがらみなど、窮屈さを感じたとき、30秒でよいですから、ゆっくり呼吸をしてみてください。

水道管のゴミがすぽっととれたように、詰まった心はスーッと楽になるはずです。

疲れた心には、呼吸を通して「余白」をつくってあげましょう。

「余白」があると、思考は整理され、何をすべきか、どこへ進むべきか明確化されていきます。心は研ぎ澄まされ、柔らかな気持ちで物事を見つめることができます。

そして、「余白」のある心には、自然と贈り物が入ってきます。

それは必要な出会いであったり、欲しかったものだったり、愛情だったり。

総じて、あなたにとって「よいもの」です。

必要なものが全て入ってくると知ると、もっと楽に生きられるようになります。

深呼吸によって「こんなものが手に入った！」と得られるプレゼントは受動的なように思えますが、実は能動的なものなのです。

深呼吸

習慣になっていることのひとつが、毎朝、目がさめたときに体を横にしたまま、丹田に両手を当ててゆっくりと、普通に呼吸をすることです。

時間や回数は考えずに、心が落ち着いた感覚になったとき、終わりにしています。

あとは、思考がたくさん邪魔して頭がいっぱいいっぱいになったときに（本当は一人になるのがおすすめです）、30秒くらいでよいですから、目を閉じてゆっくりと深呼吸することです（回数を数える必要はありません）。

スッキリとしますよ。

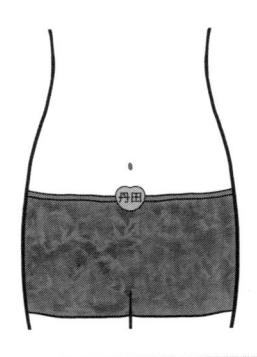

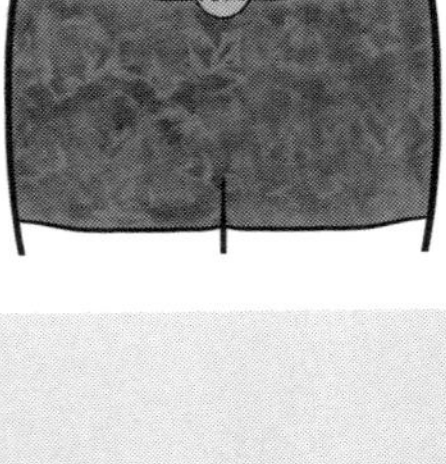

動物を観察してみると、行動を愛に方向転換できます。

動物も地球で一緒に生きる、大切な仲間ですよね。

言葉を持っていない彼らですが、ちゃんと感情も思考も人間と同じように持っています。

私は昔、ぷりんという名前の犬を飼っていました。20歳で亡くなる1年前から老いが見えてきて、立てなくなってしまったのです。犬は人間の何十倍も我慢強いと言われています。あまりにもひどく鳴くときがあったので、これ以上痛い治療をさせたくありませんでした。そこで、獣医に相談して、安楽死という形をとることにしました。

でも、人間のエゴで「死」を決定することに戸惑いがありました。そんな時に、プリンが話しかけてくれたのです。

「心配しなくていいよ。人間もそうだけど、犬も死に方、選ぶんだ。だから、エゴとかそういうふうに思わないで。自分が決めることだから」と。

ああそうだったなと思いました。人間がそうしているというのはわかっていたけれども、ほかの生物や動物のことを、私はそこまで深く理解していたわけではないし、聞いたこともなかったので、ぷりんの話を聞いたとき、目からうろこが落ちたような気持ちになって、「ぷりんが選んだことなら、そうしよう」と思いました。

犬とちゃんと会話したのは、これが最初の経験でした。

動物からの言葉は、ふんわりと体の中に入ってきます。動物と一緒に暮らしている人ならわかると思いますが、顔つきや仕草からも、言いたいことが伝わってくることがあります。

動物が発する言葉は、どれも優しくて、誰かに意地悪するような邪念が一切ない。愛に基づいていて、必要なことを必要な分だけ得る。

そんな彼らの姿を見ていると、いかに自分が余計なものを選び、勝手に悲しんでいるか、よくわかります。

動物をよく観察してみると、あらゆる行動の動機が愛であることを、体感できます。

生命に会える場所

動物園や、今流行りのカフェなどがありますが、それぞれが会いたい存在・行きたい場所に行くと、心の活力がぐっと上がります。

海の生物さんもよいですね。水族館もよいです。

特に日比谷公園はおすすめです（有名なレストランのテラス前に波動の変化が多いお友だちのいちょうの木があります）。

ちなみに、私は野良猫と言われている猫ちゃんたちと触れ合うのが一番好きです。

あの自由さを見ているだけで、嬉しくなります。

どうしても人間とかかわって暮らしている動物や植物、海の生き物さんたちに意識が向いてしまい、ストレスが溜まらないように暮らせているのか？と心配になります。

地球の中では、人間以外の生き物は大先輩ですから、敬意を持っていたいのです。

物云わぬ存在たちの気持ちを大事にしましょう。

わが家には、私の大好きな天使・妖精の置物や人形、ぬいぐるみがあります。それぞれが、自分の好きな居場所を決めて一緒に暮らしています。

プライドの高い天使や妖精は飾り柵にいます。

人形や置物が「しゃべらない」というのは大きな間違いです。物云わぬ彼らにも意思があります。

わが家の人形たちはよくしゃべります。

「眠れないから静かにして」
「転んでるんだから立たせろ！」

「内緒話しているから近づかないで！」

結構、強気で、意志が強いのが、わが家の人形たちの特徴です。

人形や置物だけでなく、普段から使っているお財布やハンカチ、スマートフォン、バッグにも心があります。投げたり、床に置きっぱなしにしたりしていませんか？

それらが簡単に壊れてしまう原因は、雑に扱ったり、邪険にしていることへの彼らの反抗心によるものかもしれません！

家に昔から置いてあるもの、縁の下の力持ちになってくれている道具、普段からよく使っている物品などにも、人間に接するように愛を持ってかかわってみてください。

植物や動物と話すとき

会話ができるかどうかなど考えずに、道ばたで知り合いに会ったときのように、動物や植物さんに声かけします。相手が人間だろうが、動物だろうが、植物だろうが、関係ないのです。

話したければ、話しかければよいだけです。

それは、人形や置物など全て同じです。

何気なく目が合ったり、意識が向いたときは嬉しいですね。

必ずと言ってよいくらい返事がありますから！

相手が話をしていても聞こえないときもあるでしょうし、話したくないときもあるので、返事は期待しないことです。

人間として
地球に来たことを実感する、
それこそが
生きる意味です。

地球にやってきた醍醐味は、まさに、人間として生まれたことを実感することに尽きます。人間にしかできないことの特徴とは、

・お話ができること
・喜怒哀楽の感情があること
・ルールや規則、善悪など二分化しやすい

こんなところでしょうか？

地球の波動は独特で、天使や妖精のいる世界よりは重いかもしれません。苦しいことも悲しい出来事も多い事実は否め

ません。

それでも人間が地球にいるのは、あの世に還ったあと、「こんなにも大変だったから、いろいろな角度から愛を知ることができた！」と思えるからでしょう。もし、あの世から地球を振り返ることができたら、ここまで愛の発揮のしがいがある星はないかもしれません。

ふざけてでも「あんな星（地球）で生きたくない」と言えないほどに、地球は優しく、波動が高いほうへと発展しがいのある、美しい星なのです。

私たちはみんな、地球に修学旅行に来ているのと同じです。

想像のつかなかったトラブルが発生することもあれば、楽しくて仕方のない夜も経験します。見たこともない景色、音、におい、感触、感情にも触れるでしょう。

それに善悪はなく、経験することそのものに意味があるのです。

【おわりに】

生まれる前、私は宇宙空間から見た地球の美しさに魅了され、地球に来たいと思いました。

「なんて、美しい星なんだろう。初めて見たときから、あの星に行ってみたい！　いや、行く！　地球を体験したい！」と思って、地球にやってきたのです。

地球で人間をやることで、地球を感じることが私そのものなのです。

地球に来てからは、自分の中で「なぜここにいるのか？」という問いの答えが腑に落ちるようにわかりました。「自分になった！」と気づいたのです。

地球には天候も、美しい景色もあります。人間以外の生物も存在します。

それを自分自身の体で感じたかったのです。それがここにいる理由の全てでした。

やりたい仕事やなりたい人間像があったわけではありませんでした。

形になるものを残したいわけでもありません。

価値のあるものを残すことが全てではないと気づきました。

それを追求するだけでは、人間をやることに物足りなかったのです。

ある時、太陽と会話するなかで、「この猛暑をどうにかしてほしい！」と言ったら「もうちょっと待って」と返事をもらったことがありました。

その時に強く「地球を味わいたかったんだな」と思いました。

地球に来て「人間をやりにきたこと」と、「なりたい自分になること」は違いました。違ったけれど、それでよかったと思っています。

地球に来て、あらゆる「全て」を体験することで、私はどんどん「私」になっていくのです。

それは、あなたもきっと同じです。

「おわりのおわり」

この本を書かせていただきありがとうございました。本を出版するにあたり、自分の日常を本にしてよいのか迷いもありましたが、多くの方に励まされここまで来ることができました。本当にありがたいことです。

ヒカルランドの方々、速記していただいた宮田速記さん、カバーをデザインしてくださった三瓶可南子さん、イラストを描いてくださった宝んぼまるみさん、特に編集を担当してくださった川窪彩乃さんには、大変お世話になりました。

そして、とてもとても幸せなひとときでした。

感謝

木村みやこ

幼少期から目に視えないもの（亡くなった存在）と交流があり、30代から亡くなった存在を通して、自分探しが始まる。そのほか、動物や植物、人形や天使、妖精などとの会話を通じて「ワンネス」を知る。多様な人生（過去生、未来生、パラレル他）が視えるほか、人や物や出来事を通して、その関係性をリーディングする。「なぜ、地球に生まれてきたのか」を知ることで、毎日、風、太陽、月などとも会話をする。これから、異世界のことを何か形にできることが最高の楽しみ。趣味はフラダンス。著作に、私家版の詩集『むげん』（新風舎）。

ツインレイ、レムリア、木との会話
本当は全てを知っている自分を思い出していい

第一刷　2025年3月31日

著者　木村みやこ

発行人　石井健資
発行所　株式会社ヒカルランド
〒162-0821 東京都新宿区津久戸町3-11 TH1ビル6F
電話 03-6265-0852　ファックス 03-6265-0853
http://www.hikaruland.co.jp　info@hikaruland.co.jp
振替　00180-8-496587

本文・カバー・製本　中央精版印刷株式会社
DTP　株式会社キャップス
編集担当　川窪彩乃

ISBN978-4-86742-469-8

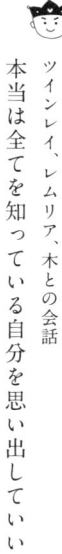

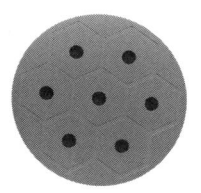

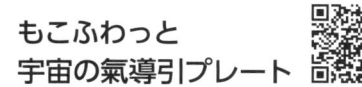

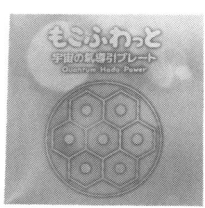

イチオシ！ AWG ORIGIN®

電極パットを背中と腰につけて寝るだけ。生体細胞を傷つけない 69 種類の安全な周波数を体内に流すことで、体内の電子の流れを整え、生命力を高めます。体に蓄積した不要なものを排出して、代謝アップに期待！ 体内のソマチッドが喜びます。

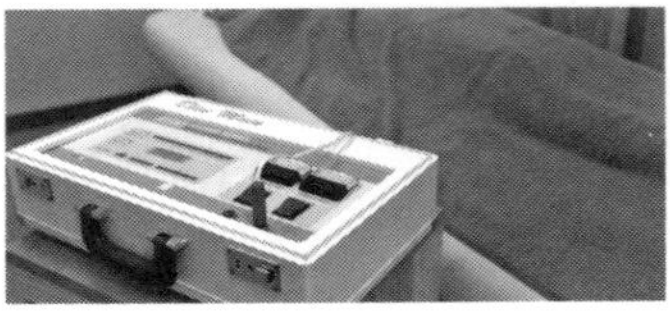

A. 血液ハピハピ&毒素バイバイコース
（60分）8,000円
B. 免疫 POWER UP バリバリコース
（60分）8,000円
C. 血液ハピハピ&毒素バイバイ＋
免疫 POWER UP バリバリコース
（120分）16,000円
D. 脳力解放「ブレインオン」併用コース
（60分）12,000円
E. AWG ORIGIN®プレミアムコース
（9回）55,000円
（60分×9回）各回8,000円

プレミアムメニュー

①血液ハピハピ&毒素バイバイコース
②免疫 POWER UP バリバリコース
③お腹元気コース
④身体中サラサラコース
⑤毒素やっつけコース
⑥老廃物サヨナラコース
⑦⑧⑨スペシャルコース

※２週間～１か月に１度、通っていただくことをおすすめします。

※Ｅはその都度のお支払いもできます。 ※180分／24,000円のコースもあります。
※妊娠中・ペースメーカーをご使用の方にはご案内できません。

イチオシ！ 【フォトンビーム×タイムウェーバー】

フォトンビーム開発者である小川陽吉氏によるフォトンビームセミナー動画（約 15 分）をご覧いただいた後、タイムウェーバーでチャクラのバランスをチェック、またはタイムウェーバーで経絡をチェック致します。

ご自身の気になる所、バランスが崩れている所にビームを 3 か所照射。

その後タイムウェーバーで照射後のチャクラバランスを再度チェック致します。
※追加の照射：3000 円 /1 照射につきご注意
・ペットボトルのミネラルウォーターをお持ちいただけたらフォトンビームを照射致します。

人のエネルギー発生器ミトコンドリアを
40億倍活性化！

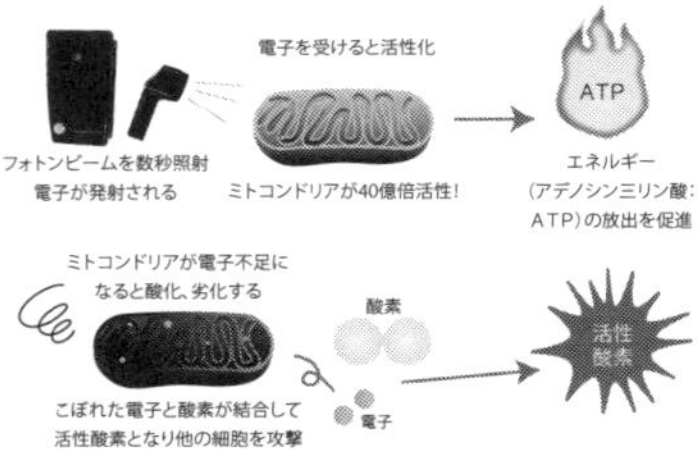

ミトコンドリアは細胞内で人の活動エネルギーを生み出しています。**フォトンビームをあてるとさらに元気になります。光子発生装置であり、酸化還元装置であるフォトンビームはミトコンドリアを数秒で 40 億倍活性化させます。**

3照射　18000円（税込） 所要時間：30～40分

大好評営業中!!

元氣屋イッテル

（神楽坂ヒカルランド みらくる：癒しと健康）

東西線神楽坂駅から徒歩２分。音響チェアを始め、AWG、メタトロン、タイムウェーバー、フォトンビームなどの波動機器をご用意しております。日常の疲れから解放し、不調から回復へと導く波動健康機器を体感、暗視野顕微鏡で普段は見られないソマチッドも観察できます。

セラピーをご希望の方は、お電話、または info@hikarulandmarket.com まで、ご希望の施術名、ご連絡先とご希望の日時を明記の上、ご連絡ください。調整の上、折り返しご連絡致します。

詳細は元氣屋イッテルのホームページ、ブログ、SNS でご案内します。

皆さまのお越しをスタッフ一同お待ちしております。

GENKIYA ★ ITTERU
元氣屋イッテル
はぴはぴヘルパー
duet with ヒカルランド

元氣屋イッテル（神楽坂ヒカルランド みらくる：癒しと健康）
〒162-0805　東京都新宿区矢来町111番地
地下鉄東西線神楽坂駅２番出口より徒歩２分
TEL：03-5579-8948　メール：info@hikarulandmarket.com
不定休（営業日はホームページをご確認ください）
営業時間11：00～18：00（イベント開催時など、営業時間が変更になる場合があります。）
※ Healing メニューは予約制。事前のお申込みが必要となります。
ホームページ：https://kagurazakamiracle.com/

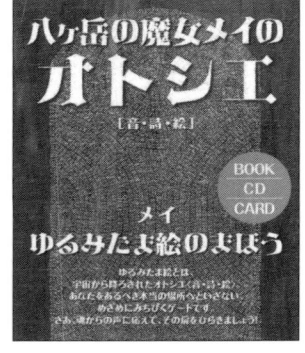

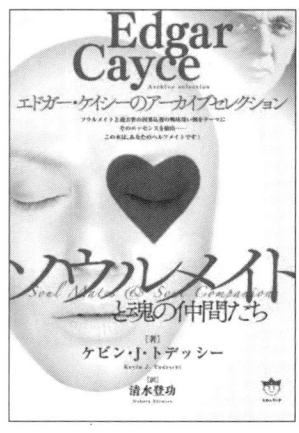

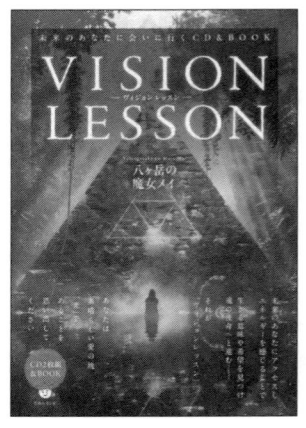

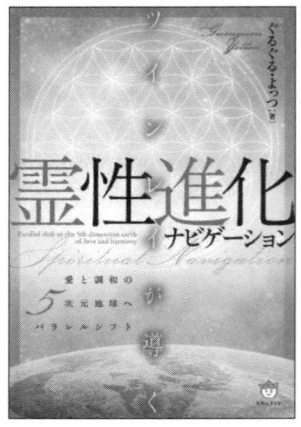

ヒカルランド　好評既刊!

地上の星☆ヒカルランド　銀河より届く愛と叡智の宅配便

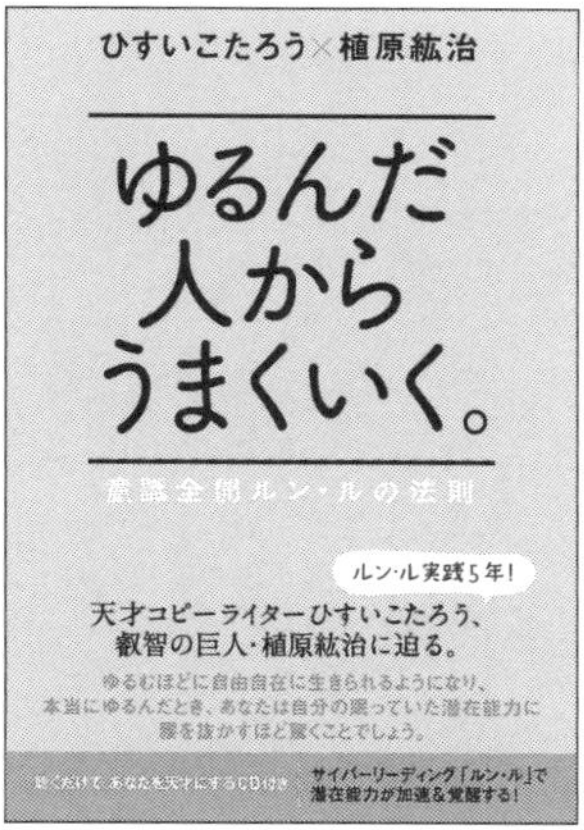

ゆるんだ人からうまくいく。
著者：ひすいこたろう／植原紘治
四六ソフト　本体 1,500円+税

金星☆生命体レワードとの交信記録
著者：佳川奈未
四六ソフト　本体 2,000円+税

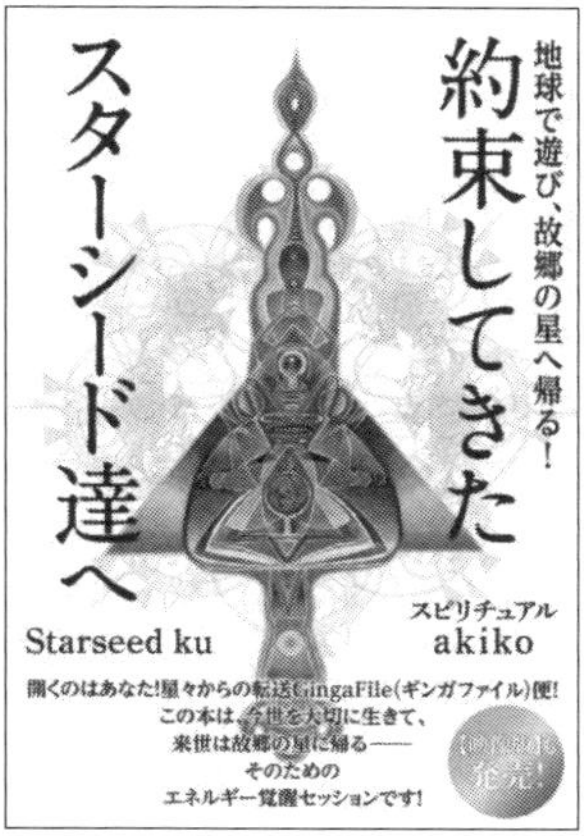

約束してきたスターシード達へ
著者：Starseed ku／スピリチュアル akiko
四六ソフト　本体 1,800円+税

あなたは宇宙から来た魂
著者：akiko
監修：市村よしなり
四六ソフト　本体 1,700円+税

ヒカルランド　好評既刊！

地上の星☆ヒカルランド　銀河より届く愛と叡智の宅配便

宇宙語で目覚める！
著者：八ヶ岳の魔女メイ
四六ソフト　本体 1,800円+税